Salmos

DO SUCESSO NA VIDA

SALMOS DO SUCESSO NA VIDA

1ª edição: Março 2025

Autor:
Raja Marausha

Preparação:
Debora Capella

Revisão:
3GB Consulting
Iracy Borges

Projeto gráfico e capa:
Jéssica Wendy

DADOS INTERNACIONAIS DE CATALOGAÇÃO NA PUBLICAÇÃO (CIP)

Marausha, Raja
Salmos do sucesso na vida : você pode programar o seu triunfo / Raja Marausha. — Porto Alegre : Citadel, 2025.
192 p.; color.

ISBN 978-65-5047-600-7

1. Autoajuda 2. Desenvolvimento pessoal 3. Reflexões 4. Espiritualidade 5. Sucesso I. Título

25-0785 CDD 158.1

Angélica Ilacqua - Bibliotecária - CRB-8/7057

Produção editorial e distribuição:

CITADEL Grupo Editorial
contato@citadel.com.br
www.citadel.com.br

A FORÇA DO
PODER MENTAL

Salmos
DO SUCESSO NA VIDA

VOCÊ PODE PROGRAMAR O SEU TRIUNFO

RAJA MARAUSHA

CITADEL
Grupo Editorial
2025

Sumário

Todas as religiões

O texto dos Salmos do Sucesso na Vida não tem nenhuma pretensão religiosa, não tem compromisso com seitas, igrejas, cultos, grupos ou movimentos filosóficos, tampouco qualquer religião. Trata-se de um texto espiritual ecumênico, de todas as filosofias e religiões, que visa principalmente despertar o leitor para o seu valor individual, livre de todas as dependências, e para a consciência de que é filho de Deus. Os Salmos visam motivar as pessoas a terem fé e confiarem em si mes-

Os Salmos visam motivar as pessoas a terem fé e confiarem em si mesmas.

mas, a conseguirem uma poderosa autoconfiança e segurança interior – a fim de enfrentarem com alegria este mundo e viverem vitoriosas, bem-sucedidas, sadias e úteis aos seus semelhantes. Porque a Riqueza Interior pertence a toda a humanidade...

"A Riqueza Interior pertence a toda a humanidade."

Leitura diária para reflexão

Por Raja Marausha

Nós somos da Religião Interior, a Filosofia da Esperança. Não temos templos nem igrejas. Nossos templos são os nossos corações.

Lidamos direto com Deus. Nossa alma é um transmissor-receptor que tem ligação direta com o Cosmos – e que sintoniza também o Grande Mestre Jesus Cristo, nosso Salvador na Terra.

Foi o próprio Jesus que lançou a Religião Interior há quase dois mil anos, quando disse:

"O Reino de Deus
está dentro de vós,
dentro de cada um."

Quando rezares,
entra em teu aposento,
tranca a porta e reza
secretamente a Deus Pai,
que assim Ele te atenderá.

Sua é a vitória

Toda grande realização nasce de um sonho. O sonho é a semente. É o pequeno caroço que se transforma no gigantesco carvalho.

O sonho é como o núcleo do óvulo, que, fecundado pela ação do amor, se transforma na maravilha fantástica que é o corpo humano.

Na alma do anjo está latente um sonho impossível. E o nosso poder interior tem a força cósmica de todas as galáxias.

Use esse fantástico poder interior para transformar o seu sonho em uma grande realidade! E, se ainda não tem o seu Objetivo Definido, o seu projeto de vida, trate de criar na mente a sua meta.

Urgente, porque ninguém vai a parte alguma se não tem um objetivo, uma meta a alcançar.

Tenha um sonho grandioso. Para se tornar grande, você tem que pensar grande.

Toda grande realização nasce de um sonho.

A força do querer e acreditar

Tudo neste mundo começa com o QUERER, com a força poderosa do desejar, bem no fundo do coração.

Desejar o SUCESSO como objetivo principal na vida, por exemplo, ou querer decididamente ganhar muito dinheiro e jamais passar apertos e aflições – pelo contrário, ter todas as coisas de que necessita no planeta Terra em conforto e abundância, sobrando ainda para ajudar os outros.

Pensar: "Quanto mais rico eu for, mais poderei ser útil e mais terei condições de ajudar meus semelhantes".

Já se disse que "O dinheiro não traz felicidade, mas ajuda muito". Ou então que "É preferível chorar de tristeza numa cama confortável do que na sarjeta úmida da rua".

A verdade é que tudo o que você deseja, se deseja, é porque PODE conseguir! Você sempre conseguirá realizar o seu querer, não importa se é um pequeno ou grande desejo, até mesmo um sonho – se acreditar que pode realmente...

Esta é a lei divina. Se DEUS PAI deu a você um desejo, um sonho vivo, a vontade de realizar alguma coisa, de possuir uma casa própria, de conseguir um lugar, de montar ou organizar um empreendimento, de se diplomar numa universidade, de ser presidente da empresa, de ampliar e dinamizar um negócio que já tenha – enfim, tudo que você desejar, com toda a vontade, DEUS PAI lhe dará força e iluminação para realizar e concretizar.

Mesmo quando tudo vai mal, a vida está difícil e nos sentimos pessimistas e cansados – aí é que devemos reagir, mudar de pensamento, ser otimistas e passar a buscar uma realização, acreditando no desejo firme de vencer. Manter na mente uma imagem de vitória. E seguir com persistência, na esperança de um resultado positivo.

Nunca desista. Jamais se afaste da luta – por pior que esteja a situação. Acredite que tudo vai melhorar. A segurança está dentro de nós, não dependemos de ninguém para vencer na vida – só precisamos da ajuda de DEUS em nosso mundo interior.

Seu desejo ardente de agora é o retrato fiel do que você será um dia. E, se o seu desejo estiver de acordo com sua capacidade, é inevitável o seu sucesso.

De modo geral, por um desígnio divino, nós desejamos somente aquilo que nossa consciência sabe ser possível.

Eu, por exemplo, costumo realizar tudo o que almejo. Mas nunca desejarei possuir um navio transatlântico, por exemplo, ou qualquer coisa que me fosse impossível.

Portanto, ACREDITE que pode realizar os seus sonhos, mesmo os mais grandiosos. Não importa a situação atual, porque você tem todo o poder divino dentro de si mesmo. Saiba que toda pessoa é capaz de fazer tudo o que acredita poder fazer. QUERER E ACREDITAR… É PODER!

Se você sabe o que quer e tem vontade suficiente para manter uma firme persistência, com toda certeza você conseguirá o seu ideal. Porque o terceiro segredo do êxito é a perseverança. Persistir, insistir sempre. Nunca desistir do seu grande sonho.

Acredite no SUCESSO TOTAL. Não imagine obstáculos na sua mente. Tudo já deu certo, mesmo! Portanto, muita FÉ e muita AÇÃO.

Parabéns, você é um vitorioso!

QUERER E ACREDITAR... É PODER!

Oração para os negócios

O segredo maravilhoso do grande êxito.

Para ser lido (e sentido, com profundo amor) duas vezes por dia, todos os dias de manhã e à noite.

Por Raja Marausha

Agradeço ao Senhor pela prosperidade nos meus negócios. Dia após dia, em todos os sentidos, meus negócios melhoram – porque coloquei Deus como meu sócio majoritário.

Toda orientação que recebo vem da Inteligência Cósmica. Quando estou em dúvida, relaxo e medito no silêncio de Deus, obtendo assim a informação divina de que preciso. E como Deus é perfeição, riqueza e paz... meu sucesso nos negócios é certo e natural, um grande êxito.

Trabalho sempre em harmonia com esse sócio maravilhoso, que me proporciona segurança e acerto.

Agradeço ao Senhor pela prosperidade nos meus negócios. Todo o meu ambiente de trabalho é harmonioso e reflete meus pensamentos dominantes de agora, otimistas e positivos.

Espero somente o melhor. Fico sempre na expectativa de grandes realizações – e é exatamente assim que acontece, porque o semelhante atrai o semelhante, e minha expectativa é sempre de êxito, de beneficiar os clientes, de ser útil ao maior número possível de pessoas, de ser honesto, de ser bom e amigo de todos.

Afasto sempre todo negativismo e todo pessimismo.

Todos os dias agradeço a Deus por se dignar a ser meu sócio nos negócios. E dou graças por minha constante prosperidade e meu grande sucesso...

Amém.

Somente o lago sereno reflete o brilho azul do céu. A mente em paz consigo mesma e sintonizada com Deus é como um lago sereno.

Oração do vendedor

Não há limites para a leitura deste Hino ao Sucesso.

Quanto mais repetir, melhor...

Por Raja Marausha

Sei que Deus me orienta em todos os sentidos. Nos meus negócios, nos meus problemas; em tudo.

Sei que a Inteligência Cósmica, alojada no meu próprio interior, encontra soluções para todas as dificuldades, tira minhas dúvidas, afasta meus inimigos e os que querem me prejudicar. Atrai-me coisas boas e excelentes compradores. Dá-me grandes ideias e até promove minhas vendas.

Deus não falha nunca.

Consigo tudo que acredito poder conseguir, desde que eu cumpra minha parte e trabalhe muito.

Os compradores não caem do céu. Tenho que atraí-los pelo meu pensamento positivo, pelo meu otimismo, pelo desejo de prestar bons serviços, pelo meu vibrante entusiasmo. É isso que eu faço, a todo momento.

A Inteligência Cósmica de Deus é boníssima e poderosa. Amplia minha capacidade e faz-me realizador... de grandes vendas. Sei que estou ligado à Inteligência Cósmica pelo meu EU interior, através do pensamento.

Dia a dia corto meus erros e procuro ficar mais puro de corpo e alma. Por isso, cada dia eu realizo mais, faturo mais e ganho mais e mais dinheiro, atraindo muitas vendas.

Minha sintonia ou ligação com a Inteligência Cósmica de Deus Pai é o maior poder da face da Terra.

Meu subconsciente (EU interior) é um fabuloso computador, e eu lhe envio somente programações positivas ou otimistas, através de meu correto modo de pensar.

Acredito soberanamente em MIM e realizo todas as vendas que me proponho (com fé) realizar.

O entusiasmo é a maior força de venda. Eu tenho entusiasmo e determinação de vencer.

Acredito e trabalho. Rezo e visualizo o resultado. Espero sempre o melhor.

Deus é o PAI que me ilumina e dá forças para persistir – para nunca desistir.

Sei que a persistência é que coroa os vencedores. E nos momentos difíceis, Deus está comigo e me socorre na Paz do Senhor.

O Senhor, meu Grande Mestre, é meu maior amigo. Hoje, amanhã e sempre.

Obrigado, Senhor, por tudo.

Comande a sua vida do alto, com dignidade e serenidade.

Custa a compreender, custa aceitar, mas o ser humano tem que saber que o Paraíso (ou inferno) está apenas na sua mente, nos seus pensamentos e sentimentos.

A pessoa se torna aquilo que pensa ser. Por isso, é preciso formarmos uma imagem de nós mesmos. Senão, não alcançaremos determinado objetivo.

Não há ninguém que tenha alcançado êxito sem acreditar na própria capacidade. Acredite em si próprio. Tenha autoconfiança e terá tudo o que desejar.

Você já tem dentro de si um diamante valiosíssimo que só precisa ser lapidado.

*

Confie em si, nunca é demais repetir.

Confie em si mesmo.

Acredite em si mesmo, acredite que Deus está dentro de você, tenha autoconfiança.

*

Até agora você esteve usando sua mente de modo errôneo e negativo? Então chega!

De hoje em diante, seja uma pessoa positiva, otimista, pra frente!

O mais importante não é o que você FOI até agora, mas o que você SERÁ de agora em diante.

*

O simples fato de você se tornar um pensador positivo vai melhorar toda a sua vida.

Não brigue mais, não vale a pena. Deixe de ser um preocupado crônico, gaste suas energias em AÇÃO positiva. Não reclame, não julgue, não condene.

Ame todas as pessoas por suas virtudes. Quanto aos defeitos, seja cego.

*

O semelhante atrai o semelhante. Suas vibrações positivas atrairão somente coisas boas, e maravilhas começarão a acontecer na sua vida. Sua Riqueza Interior se manifestará, a todo momento.

Os negócios de Deus são sempre prósperos. Faça sempre o melhor que puder fazer e espere sempre pelo triunfo.

Tome consciência da força que existe dentro de você e que move o Universo…

*

Por mais dinheiro e poder que você tenha, será sempre infeliz se não tiver a Riqueza Interior da Paz de espírito.

*

Problemas e aflições não abalam a mente milionária de quem tem o tesouro guardado no Santuário do Coração.

*

Todo problema ou obstáculo é como um TIGRE em nossa frente. Seja o que for, em vez de ficar aflito ou entrar em pânico, olhe o tigre frente a frente, decidido e calmo. Encare o tigre, e ele se afastará...

*

Os reveses e os obstáculos nos ensinam o caminho do sucesso, em qualquer setor – desde que aceitemos os reveses e os obstáculos como "lição de vida".

*

Todo problema tem solução. Depende apenas da nossa força interior, que é ligada a Deus. O poder exterior não resolve nada, só atrapalha...

*

A única maneira de recuperarmos o tempo perdido é não perdermos mais tempo!

*

Enquanto trabalhar, você deve sempre sintonizar sua própria força interior, que já existe à sua disposição, a Riqueza Infinita de Deus, com a qual você nasceu, como todos nós.

Ligar sempre sua intuição, sua inspiração e imaginação. Ideias maravilhosas brotam dentro de nós.

Soluções e planos imediatos. Somos poderosos e não sabemos...

"Olhai estes campos, eles já estão prontos para a colheita."

Viver o momento AGORA da melhor maneira, com o máximo de fé (acreditar mesmo), amor e trabalho. O passado já passou, e o futuro ainda virá. Atraia a infinita riqueza de Deus, agradecendo por tudo, enquanto trabalha...

Acostumar-se a não reclamar, não lamentar, não falar de doença, não ter mágoa de nada nem de ninguém – viver a SUA vida.

Pensar somente coisas boas. Ser mais alegre, otimista e entusiasmado. Não se importar com o que os outros digam ou façam. Nossa mente governa nossa vida e dirige a nossa maneira de encarar as coisas e pessoas.

Pensar somente coisas boas, habituar-se a ser positivo, acostumar-se com o sucesso (em tudo). Mudar o filme ruim, assim que ele surgir. Não receber os pensamentos negativos ou de derrota.

*

Olhar sempre o lado bom de todas as coisas e pessoas...

Essas são as leis da vitória – e você será uma pessoa maravilhosa.

*

Somos felizes não pelo que temos, mas pelo que amamos...

*

O sucesso pertence não aos que jamais tiveram um fracasso, mas aos que não tiveram medo de retornar à luta!

*

Nada pode impedir o seu sucesso na vida, a não ser você mesmo... Nada nem ninguém pode atrapalhar sua caminhada rumo ao êxito, desde que você se decida pela vitória e trabalhe com constância e persistência.

Saiba que seus maiores inimigos estão em sua própria mente: seus pensamentos negativos, suas preocupações e o conceito que faz de si mesmo.

Acabe com seus negativismos! Decida-se pela vitória, aja como se fosse impossível deixar de ser bem-sucedido...

*

DEPENDE APENAS DE VOCÊ. A riqueza e a pobreza têm origem em sua própria mente.

Cabe a você decidir, de forma positiva, se pretende ser rico e bem-sucedido.

O sucesso (e a consequente riqueza) não é uma questão de oportunidade, sorte ou coincidência. A sua oportunidade ou ocasião é aquela que você mesmo se proporciona. Você mesmo é quem imagina, enxerga ou percebe, movido por sua própria força interior, de ninguém mais. Seu triunfo depende APENAS DE VOCÊ.

A força do poder mental

Use o poder de sua mente, use seus próprios pensamentos – para progredir e vencer na vida. Não dependa de ninguém, você tem dentro de si todo o poder!

O segredo está em formar uma cena ou imagem mental, pela imaginação, daquilo que você deseja ser – ou uma figura clara, no pensamento, do objetivo que você deseja atingir.

Conserve essa imagem na mente e siga trabalhando, siga acreditando que vai realizar. Saiba que querer, acreditar e trabalhar… é PODER. Então você pode, você consegue. Acredite, trabalhe, mantenha sempre o trabalho mental, imagine sempre o trabalho acontecendo.

Você triunfará...

*

MEDITAÇÃO – Reserve quinze minutos por dia (ou mais, se quiser) para meditar no silêncio de Deus.

A meditação regular, todos os dias numa hora certa, e o caminho de encontro com um Poder Superior, na forma que o imaginar. Não é ritual, nem religião ou oração. É um simples (e poderoso) encontro diário com Deus Pai, o criador do Universo e de todas as coisas. Um encontro, uma conversa amiga, um recebimento de Poder Cósmico.

Nesse momento, mantenha a mente livre de pensamentos do mundo, coisas, pessoas e problemas. Pense em seu espírito, seu EU verdadeiro, filho de Deus. Sinta o influxo da força cósmica penetrando em você, fortalecendo-o, melhorando sua saúde em geral, dando-lhe inspirações para negócios cada vez melhores e uma divina PAZ interior.

Relaxe o máximo possível, no silêncio de sua meditação diária.

Para ter SUCESSO, você precisa desenvolver a "expectativa do sucesso". Você tem que se autossugestionar (convencer-se) de que vai vencer naquilo a que se propõe.

EU POSSO, EU CONSIGO. Somos pessoas formadas por hábitos. Habituamo-nos a tudo, a almoçar, jantar, trabalhar e estudar em determinadas horas, ir ao clube aos sábados, à igreja aos domingos, dormir nas mesmas horas, fazer amor etc. Temos, portanto, que incluir o SUCESSO em nossos hábitos de ser e vencer. Faremos isso desenvolvendo, treinando, pensando e repetindo – uma "expectativa de ser bem-sucedido". Esperar sempre pelo melhor, sempre e sempre. Nunca, jamais, imaginar o pior acontecendo.

EU SOU UM SUCESSO. A VITÓRIA É MINHA. E ninguém poderá evitar que eu consiga VENCER. Dependo só de MIM para triunfar com brilho. Ninguém pode amar por mim, nem sentir a dança do amor e da dor no meu lugar. Sou um SER individual, eu sou o que penso ser, o que quero ser, o que acredito ser.

NÃO IMPORTA minha situação atual. Não importa como nem onde eu esteja agora. Se eu decidir que VOU VENCER, eu vencerei. Se eu tiver a convicção, a crença inabalável do SUCESSO e for bastante persistente nessa decisão, EU VENCEREI.

Onde está o seu pensamento firme, aí está o tesouro do homem...

*

Nada nem ninguém pode impedir o seu sucesso na vida. Todavia, nada nem ninguém poderá vencer por você.

Depende exclusivamente de você tomar a decisão mais importante de sua vida – e triunfar com brilho.

*

TODAVIA, existe um forte motivo pelo qual muitas pessoas decidem triunfar, mas fracassam. Elas tomam a decisão, acreditam, se enchem de entusiasmo e muitas vezes até trabalham duro. Mas fracassam no seu objetivo e se retiram, frustradas e doentes, da arena da vida.

Qual é esse motivo?

A FALTA DE PERSISTÊNCIA…

Porque nunca existiu, em toda a história da humanidade, alguém que tenha triunfado, em qualquer setor, sem uma constante e teimosa persistência!

Não basta desejar, querer, acreditar, saber e trabalhar muito… Se, um belo dia, você começar a se esquivar, a desistir, a fraquejar na constância, você acabará perdendo a batalha.

Muita gente já chegou a "três passos do ouro", depois de muito trabalho, e desistiu… quando seguindo um pouquinho mais estariam multimilionárias.

Portanto, meu caro leitor, não cometa esse erro fundamental. Não se encha de garra e vontade de vencer, ao ler este livro e, depois de uns meses, ou antes até, comece a esmorecer na sua constância e persistência, pois assim eu terei culpa de você não ter vencido!

*

A VERDADEIRA ORAÇÃO – Não faça uma prece de súplicas ou implorações, mas uma meditação que aprofunde o seu sentimento de união com Deus Interior. Com Deus Cósmico unido ao seu Deus Interior.

À medida que for aprofundado o sentimento de união com Deus, a sua vida cotidiana passará a ser orientada pela sabedoria divina, e tudo que fizer começará a correr satisfatoriamente, tudo será maravilhoso.

Não usar Deus como instrumento para melhorar a vida. Orar, e com pureza de espírito, com humildade e feliz agradecimento por tudo que tem e terá, como filho de Deus...

*

Viver corretamente, com base espiritual, NÃO significa isolar-se das atividades comuns de todos, não desfrutar os prazeres que Deus nos concedeu, deixar de divertir-se, passear ou ir a festas. Nada disso. Viver com dignidade e usando os atributos poderosos de filho de Deus e participar do mundo. Trabalhar, conviver na comunidade, estudar, casar-se, educar os filhos, ALEGRAR-SE com a vida que está aí para ser vivida. Ajudar o próximo como puder, gostar de música, arte, esportes, viagens, camping, futebol, teatro, cinema, televisão (selecionada), leitura, praia e tanta coisa deliciosa que existe no mundo.

Viver plenamente e ser uma pessoa útil. Viver com DEUS é ser normal.

*

Devemos viver em união com Deus, o tempo todo. Assim, a força suprema de Deus estará dentro de nós – e teremos toda a capacidade para vencer na vida, superar todos os obstáculos e resolver todos os nossos problemas...

Meditar, pensar, sempre que puder: "Estou respirando a vida de Deus! Estou com o amor de Deus em mim! E a infalível sabedoria de Deus me orienta! Deus está dentro de meu espírito – eu sou UNO com DEUS".

*

A pessoa confiante em si, positiva, otimista e que faz o seu trabalho com a segurança de que terá êxito magnetiza a sua condição. Atrai para si as forças criadoras do Universo.

*

Nunca, jamais, aceite um revés como derrota. Considere cada revés como uma lição de vida, um degrau a mais na escada que está subindo para o triunfo.

Os obstáculos são colocados em nosso caminho para nos treinar a superar as dificuldades. Este planeta é cheio de problemas... e temos que treinar sempre para resolvê-los. Quem não vence na competição da vida, quem nunca enfrentou problemas e nunca passou por aflições jamais saberá superar um obstáculo.

*

Uma pessoa nunca será derrotada enquanto não aceitar a derrota em seu coração.

*

Nada, nada mesmo, pode derrotar uma pessoa se ela decide continuar lutando, se não entrega os pontos, se não se dá por vencida, se não aceita que está derrotada.

Se você acha que não tem jeito, não tem mesmo. Se você pensa que está vencido, você está!

Mas… se pensa e acha que pode vencer, na certa você vencerá!

*

Trabalhe bastante para vencer na vida. Mas trabalhe certo, fixando-se nos RESULTADOS. O importante é que o trabalho dê resultados. Tem muito trabalho que gasta tempo e energia, mas é inútil.

*

Leia sempre este poema de Robert Service.

"Somente dando duro é que podemos triunfar. Portanto, nada de moleza.

Aguente firme! Desistir é fácil, difícil é manter a cabeça erguida.

Fácil é dizer que se está liquidado – e desistir. Facil é choramingar.

Mas lutar e lutar, quando não há mais esperança – bem, isso é a melhor coisa do mundo.

Ainda que a gente saia de cada batalha quebrado, amarrotado e ferido. O negócio é tentar de novo; desistir é fácil demais.

Persistir, insistir… isso é o difícil."

*

Quando você desejar determinado emprego, um cargo específico, um negócio próprio, uma promoção ou atingir um Objetivo Definido, nunca pense nem de leve que é muito difícil, que é bom demais para ser verdade ou que não vai conseguir!

Pensar com otimismo e confiança gasta a mesma energia. Além de ser melhor para a saúde, a expectativa da realização ajuda a atrair forças construtivas para você – possibilitando concretizar o seu desejo.

*

A principal coisa que temos que fazer, antes de mais nada, é despertarmos espiritualmente...

Para compreendermos que o paraíso espiritual já existe dentro de nós – e que tudo o mais, inclusive bens materiais, nos será dado de acréscimo.

Buscai primeiro o Reino de Deus. Depois... muito trabalho, com bastante entusiasmo e otimismo.

*

A DISCIPLINA. Para vencer na vida, você terá que seguir a hierarquia. Ou seja, considerar os escalões de chefia.

João chefia Maria, que chefia Pedro, que chefia Celina, que chefia Antônio... e assim por diante.

Obedecer às ordens dos superiores, sem discutir, é boa política para subir de cargo numa empresa. Não é preciso bajular nem ser um robô ou uma vaca de presépio que só diz sim. Muitas vezes sua sugestão será aceita para o bem do serviço – mas saiba a hora certa de sugerir.

Faça bem-feita a sua parte, faça o melhor possível. Seja pontual. Não brinque em serviço. Demonstre interesse pelo que faz, pelos colegas e pela empresa. Não leve problemas de casa para o trabalho, isso é horrível para você e para todos. Não seja fofoqueiro nem reclamador crônico. Seja cordial, alegre e otimista. Você vencerá...

Essa questão de acreditar me faz lembrar sempre de minha falecida avó materna, Dona Zizinha, um tipo inesquecível.

Meu avô, marido dela, era bonitão e namorador quando solteiro. Então falavam para vovó que o Manoel (depois Sr. Neco, meu avô) tinha sete noivas, uma em cada lugarejo da região, e que não iria casar-se com ela.

Minha querida avó não se abalava, respondia com firmeza e autoconfiança: "Ele pode ter até duzentas noivas, mas vai casar é comigo".

E foi o que aconteceu. Viveram um eterno romance, tiveram seis filhos e mais de trinta netos.

Seja o que for, ACREDITE que vai conseguir, tranquilamente, com fé. E persista sempre, use a sua imaginação para a vitoriosa "expectativa da realização".

Os grandes vitoriosos de hoje são aqueles que sonharam ontem – e ousaram acreditar em seus sonhos.

Mas não basta desejar, acreditar e planejar – embora essas três forças poderosas sejam indispensáveis para o êxito ou sucesso.

É preciso aproveitar seu tempo ao máximo, porque seu tempo vale ouro e não pode ser desperdiçado levianamente.

Somente levantando-se bem cedo e trabalhando muito é possível realizar o que você deseja.

Uma ou duas horas que você ganha, pela manhã, são valiosas.

Para chegar ao cimo da realização, você tem que desejar, acreditar, planejar e... AGIR. É preciso uma AÇÃO muito positiva.

*

Não há ninguém que tenha alcançado êxito sem acreditar na própria capacidade. Você é o único dono de sua vida – e não depende de ninguém para vencer na vida, nem para ser feliz.

*

Um escritor notável foi Napoleon Hill. Eu o respeito como o pioneiro dos temas sobre o poder mental. Eis um texto dele:

"Todos nós podemos desenvolver ENTUSIASMO num objetivo principal na vida – não importa que estejamos ou não em condições de conseguir esse objetivo. Podemos estar bem longe da realização do nosso Objetivo Principal

Definido, da nossa meta na vida – mas se alimentarmos o fogo do entusiasmo em nosso coração e o conservarmos bem vivo, todos os obstáculos, por maiores que pareçam, desaparecerão como pela força de uma magia. E logo teremos um poder e uma força que não julgávamos ter."

A única maneira de recuperarmos o tempo perdido é não perdermos mais tempo!

A batalha da vida nem sempre é vencida pelo mais forte ou mais ágil. Cedo ou tarde, aquele que vence é o que pensa que pode vencer.

As sete chaves da realização

Fórmula positiva de Raja Marausha para realizar um sonho ou ideal.

1. DESEJAR profundamente.

2. ACREDITAR que vai conseguir, manter sempre uma expectativa de realização.

3. Ter CAPACIDADE para realizar o que deseja, saber fazer a coisa.

4. PLANEJAR o seu sonho OU objetivo. Com detalhes, anotar tudo que achar importante. E fazer um mapa do projeto de ação.

5. AGIR positivamente, nunca imaginando obstáculos, colocando o projeto na prática com muito trabalho e otimismo.

6. Ter CORAGEM e investir sem medo. Agir sem dúvidas ou receios. Quem deseja, acredita e tem capacidade não pode ter medo!

7. Manter uma PERSISTÊNCIA inabalável, persistir sempre, não se deixar abater pelas dificuldades, ir em frente com decisão e constância para atingir suas metas.

Portanto, estas são as sete chaves do SUCESSO na vida: desejar, acreditar, ser capaz, planejar, agir com entusiasmo, ter coragem e persistir sempre.

*

AGORA, AO SUCESSO...

Podemos programar nosso sucesso! Esse é um fabuloso atributo que Deus nos deu – e não usamos. Podemos ser felizes e prósperos, ricos e sadios, sem problema algum. Mas, absurdamente, perdemos tantos anos em carência e aflições, talvez os melhores anos de nossas vidas...

Nosso subconsciente é um fantástico computador, que trabalha de acordo com a programação que colocamos nele! Essa programação é realizada (nada mais, nada menos) pelos nossos pensamentos. Portanto, somos realmente os donos do nosso destino. Somos o resultado do que pensamos.

Se pelo pensamento fazemos uma programação negativa no nosso computador subconsciente, esse nosso computador trará para nós resultados negativos, acontecimentos ruins, fracassos...

*

Não há batalha mais amargamente perdida do que aquela em que não se lutou!

Mas se mantivermos apenas pensamentos positivos em nossa mente, imaginando só coisas boas, progresso, sucesso, muita saúde e muito dinheiro, nosso computador subconsciente (infalivelmente) atrairá para nós, na prática, coisas maravilhosas, progresso, sucesso, muita saúde e muito dinheiro!

Nosso subconsciente, nosso computador, encaixado lá no fundo de nossa mente, não raciocina nem discute. Segue ao pé da letra as nossas ordens, dadas pelos pensamentos e pela imaginação criadora.

Por isso, colhemos exatamente aquilo que semeamos. Colhemos exatamente a espécie (positiva ou negativa) que plantamos com nossa imaginação e nossos pensamentos...

Agora você sabe por que acontecem tantas coisas ruins em nossa vida, tantos problemas, tantas doenças, tanta falta de dinheiro, tantas frustrações e fracassos, tantas lágrimas, tantas desarmonias e infelicidade em nossa família.

O ser humano vive, o tempo todo, dando ordens destrutivas ao seu próprio computador subconsciente – imaginando sempre o pior acontecendo, sendo pessimista, reclamando de tudo, fazendo tudo ficar cada vez pior.

Sabedores desse mecanismo poderoso, vamos mudar nossas vidas para muito melhor, vamos programar nosso computador com ordens altamente positivas – de amor, paz, saúde, sucesso, alegria em casa e na família, paz de espírito, muito dinheiro e esperando somente o melhor!

O sabor da vitória é delicioso...

*

Mas, se você pensar que está derrotado, estará. E se pensar que pode vencer, você vencerá! Quem imagina que é abobrinha nunca chegará a melão. O poder de pensar é o único sobre o qual exercemos absoluto controle.

Permita-me repetir que o uso inteligente do TEMPO é de grande importância para se vencer na vida. O sucesso ou fracasso de uma pessoa depende da habilidade com que ela utiliza o tempo.

Tem muito trabalho ou tarefa que gasta muito tempo – mas é inútil. Porque o que importa são os resultados!

Distribua seus afazeres, tanto pessoais como de negócios ou de lazer, de forma inteligente e equilibrada. Nem muito prazer, nem muito descanso, nem trabalho exagerado, nem conversas fúteis – nenhuma perda de tempo inútil, nem ser viciado na televisão.

Planejar seu tempo é importante. Fazer e seguir certo horário para todas as coisas, sem muito rigor, porque senão você não cumpre e fica frustrado.

Fazer e seguir determinado horário, próprio para você mesmo, diário e semanal. Estabelecer metas de trabalho e procurar alcançá-las. Se trabalha com vendas, comércio, indústria ou atendimento, faça um programa de objetivos para cumprir por dia, semana, mês e ano. E trabalhe bastante (com otimismo) para alcançar as metas que você mesmo estabelecer.

Acredite em você, faça do TEMPO um aliado e creia no sucesso!

E saiba que, se você for constante e persistente, pode até ultrapassar as próprias metas...

*

A PERSISTÊNCIA é a chave mestra de todo sucesso! Não importa como você começa uma carreira ou um negócio, com dinheiro ou sem capital nenhum – somente tendo persistência é que vencerá!

Tem que ser constante no trabalho, dia após dia, sem ligar muito para os reveses e obstáculos. Persistir, nunca desanimar, estar sempre otimista – mesmo no meio da tempestade. Um belo dia você verá que valeu a pena ter lutado sem desistir: a vitória é sua, o sucesso é seu, a riqueza...

*

Atenção, muito cuidado. Não deixe ninguém jogar água fria na fervura de seu entusiasmo. Não aceite palpites errados sobre o seu plano, negócio ou Objetivo Definido.

O melhor meio de evitar palpites desanimadores é NÃO CONTAR os seus planos. Não fique falando para todo mundo os seus projetos. Fale o menos possível, com o menor número possível de pessoas. Há milhares de anos já se diz que o segredo é a alma do negócio.

Mostre do que é capaz com ação e obras, não com palavras. É mais gostoso saborear as vitórias com o espanto de sua família e seus amigos. Mostre os resultados, não mostre os projetos, nem conte suas ideias.

Não deixe ninguém jogar água fria na fervura de seu entusiasmo. Você não precisa de palpites errados – apenas do vigor de sua própria ação.

*

Em muitos casos, é necessária uma equipe para a realização de um projeto. Mas convidar e formar uma equipe é muito diferente de ficar falando sua ideia para o mundo.

*

Você é um pessimista ou um otimista?

Uma grande fábrica de calçados pediu a dois vendedores, um pessimista e outro otimista, que fizessem uma pesquisa de mercado no interior da África. Depois de um mês, o pessimista telegrafou à firma: "Nenhuma possibilidade, aqui ninguém usa sapatos". E o otimista telegrafou no mesmo dia: "Grandes possibilidades de muitas vendas, aqui ninguém usa sapatos".

*

Seria bom que o leitor decorasse esse exemplo e o contasse aos amigos, numa catequese em prol do otimismo.

Diante da mesma situação, o pessimista e o otimista pensam de maneira contrária. Então, conclui-se que é fácil a mudança de atitude mental – pois é somente uma questão de ponto de vista. Basta olhar o lado positivo da coisa, da circunstância, do ambiente ou da pessoa. Passar a verificar tudo pelo ângulo favorável, apenas isso...

Se você está no escuro, esbarrando em tudo e se ferindo, precisa apenas acender a LUZ.

Acender a luz é tomar consciência de seus erros e defeitos, tornar clara e positiva a escuridão de seus negativismos.

Acender a luz interior é fazer uma análise rigorosa dos próprios atos, pensamentos e sentimentos. É limpar o corpo e a mente com o esfregão da vontade de melhorar e evoluir.

Para quem acende a luz interior, não existe outro resultado senão a prosperidade e a paz de espírito de forma notável. É a lei natural, não pode ser de outra maneira. Quem encontra seu diamante só precisa lapidá-lo.

*

Devemos ser conscientes de nós mesmos – "Por que olhar para fora procurando o que está dentro de vós?".

Para quem reside na LUZ, na verdade, em nossa Filosofia da Esperança, não há momento algum de tropeço, pois todas as coisas ficam reveladas.

A observação de si mesmo (autoanálise imparcial) leva ao despertar interior – que por sua vez conduz à liberdade. E temos que ser realmente LIVRES, sem apegos, sem paixões e sem cordas amarrando (nem os fanatismos religiosos).

*

Deus criou o ser humano com poderes pessoais, individuais, próprios, independentes de tudo!

Temos que ter a Religião Interior – e os nossos templos são os nossos corações…

*

Você deve ganhar dinheiro com o que gosta de fazer, como se estivesse se divertindo e ganhando dinheiro em vez de pagar.

Uma das maiores tragédias da humanidade, disse N. Hill, é o fato de que a maioria das pessoas nunca se ocupa do trabalho ao qual melhor se adapta.

Trabalhar com algo que você não gosta de fazer é realmente uma tragédia. Um drama muitas vezes imposto pela família ou pela sociedade. Você deve trocar o "tem que ser assim" por "gosto que seja assado". Seja autêntico. Ganhe dinheiro com o que você gosta realmente de fazer.

*

Nós todos nascemos com um grande potencial interior para sermos felizes e prósperos, espiritualmente ricos.

Mas complicamos tudo. Os erros começam na infância, em nossa criação. Porque poucos pais sabem criar os filhos na alegria da vida. Depois vêm a escola, a sociedade, as influências de TV, jornais, revistas etc. As lutas pelo poder e pelos negócios, as ambições, os egoísmos e as vaidades.

Quando chegamos aos trinta anos de idade, já estamos derrubados – por tantos negativismos. E não estamos fazendo a vontade de Deus, nosso PAI poderoso e bonísimo, que só nos criou para o bem.

Vamos, portanto, parar para pensar. Meditar na verdade cósmica de que somos seres espirituais (e não materiais), somos filhos de Deus e podemos ser felizes, sadios, ricos e cheios de PAZ…

*

Você é o "senhor de seu destino" e o "capitão de sua alma" – porque pode controlar os seus próprios pensamentos. E com o auxílio dos pensamentos, pode criar tudo o que desejar!

*

Por melhor que seja o produto que você tenha para vender, por melhores notas com que tenha se graduado, por melhor que seja o negócio que esteja empreendendo – você somente se tornará um supervendedor, um notável profissional ou um grande empresário quando todo o seu esquema INTERIOR estiver preparado. Somente quando você tiver evoluído como pessoa, é que se tornará grande, em qualquer campo de atividade.

Quando você eliminar seus erros e defeitos de comportamento mais pronunciados, quando começar a sentir mais amor pelas pessoas e pelas coisas, tendo mais tolerância do que crítica, mais compreensão do que reclamação, mais elogios e mais interesse pelas coisas dos outros do que pelas suas próprias e mais desprendimento do que egoísmo – enfim, quando você evoluir como pessoa, então (e somente então) se tornará grande, em qualquer campo de atividade a que se dedicar.

Tenho orientado milhares de homens e mulheres, através de meus livros, de artigos em jornais e revistas e de palestras – e posso garantir, por experiência própria através dos anos, que você se tornará um GRANDE SUCESSO na vida, em qualquer setor, a partir do momento em que se tornar grande por dentro, no seu íntimo, no seu INTERIOR.

Não há nenhum outro caminho para o êxito! Não adiantam cursos de venda, cursos de pós-graduação, cursos e mais cursos, quantos sejam. Não adianta ter sido o primeiro lugar na faculdade, o mais destacado na empresa, a esperança de todos.

Não adianta nada se você não crescer de dentro para fora, se não fortalecer o seu espírito em bases firmes de fé e esperança – e sua mente com princípios sadios e nobres.

Em todas as palestras e todos os cursos de vendas que pronunciei, nunca fiz preleções técnicas da arte de vender ou vencer na vida, nunca usei termos empolados ou fórmulas de marketing.

*

Tão somente ensinei a arte de viver! E sugeri que meus ouvintes ou alunos adotassem um novo padrão de comportamento, evoluindo, crescendo por dentro, fortalecendo o espírito e a mente para enfrentar – com o espírito e a mente evoluídos – a batalha desta vida.

Os resultados práticos desses "cursos de vendas", que não continham ensinamentos técnicos de vendas, foram sempre excelentes, os melhores possíveis.

Lembro-me, com especial satisfação, das palestras intituladas "Como vender mais em tempos de crise", realizadas no Brasil, nas quais lancei um sistema revolucionário de ensinar vendas sem ensinar vendas – de triunfar na vida pelo crescimento interior!

Crescendo por dentro, você automaticamente triunfará! Esse é um método infalível, o único método para uma vitória definitiva!

*

Quando você evolui no ESPÍRITO, consciente de que tem DEUS no seu EU interior, as dificuldades e os problemas começam a desaparecer, os inimigos se tornam amigos ou se afastam, os acontecimentos ruins e os obstáculos se transformam em lições de vida para uma evolução ainda maior.

O semelhante atrai o semelhante! Porque você ficou melhor, somente coisas melhores começam a acontecer na sua vida. É uma mudança maravilhosa...

Antes, quando éramos agressivos e materialistas, todas as coisas nos feriam. Porque tudo depende de nossa mente, de nosso modo de pensar e agir. Agora, mais calmos e evoluídos, crescidos no espírito, todas as coisas nos ajudam, tudo é bom e melhor, tudo dá certo.

Você agora já sabe: por pior que pareça ser o problema, por pior que pareça ser a dificuldade, no mundo do espírito, NÃO EXISTEM nem problemas nem dificuldades. Nós mesmos provocamos tudo. Portanto, vamos esquecer o passado e começar uma VIDA NOVA, menos materialista e mais positiva, otimista e alegre.

*

Neste mundo terreno, não adianta nada ficar PREOCUPADO. A preocupação piora as coisas e provoca doenças. Em vez de pensar no problema que o preocupa, pense numa solução, uma possível maneira de resolver o problema.

Então sua mente, assim preparada e mais calma, achará a solução.

Lembre-se: não se preocupe assim com tensão e aflição. Pense na solução, não fique se irritando com a preocupação.

*

Sem o seu poder interior e espiritual, você nada conseguirá nesta vida. Não use o exterior, o puro raciocínio e a matéria. Seja inteligente e use sua mente espiritual e criadora, intuitiva e imaginativa. Acredite na sua infinita força interior.

*

Pense sempre assim:

"Penetro no Universo Interior do Eu espiritual e psíquico. Sou alma, espírito eterno e parte de Deus, que está em mim com o Universo Cósmico.

Sou um SER ESPIRITUAL e em paz. Tenho amor e luz. O AMOR DIVINO está em mim. E meu espírito se funde no maravilhoso AMOR DE CRISTO.

Dou muitas graças por isso..."

*

Nunca diga que uma coisa é impossível. Pelas leis aerodinâmicas, o zangão é um inseto que "não pode voar". Tem um corpo grande demais para suas pequeninas asas, pernas curtas e impróprias para o impulso inicial e outros problemas técnicos.

Todavia, o zangão não sabe disso e VOA que é uma beleza – é um dos insetos voadores mais ágeis!

Aqueles que se preocupam demais com as pequenas coisas da vida são incapazes das grandes!

*

Um desejo de realização, para ser concretizado, precisa ser apoiado pela PERSISTÊNCIA e pela constância. Não basta sentir muito profundamente, durante alguns dias ou horas, o desejo de realizar um objetivo – e em seguida esquecer esse desejo.

O desejo tem que ser fixado na mente e nela mantido, firme e com uma PERSISTÊNCIA que não se incomoda com obstáculos ou problemas. Somente assim o desejo de realização passa do raciocínio (pensamento consciente) para o subconsciente (ou EU interior).

Além da PERSISTÊNCIA, é preciso apoiar o desejo com uma fervorosa expectativa de realização – isto é, acreditar o tempo todo que conseguirá realizar, esperar sempre pelo melhor. Assim se triunfa...

*

Se você quer mesmo vencer na vida, NÃO DEVE BEBER. De preferência nada... nem cerveja. Cuidado com a desculpa de "bebedor social", porque isso é engano, e conhecemos muitos beberrões que começaram a caminhada do abismo do alcoolismo como "bebedores sociais".

BEBER e VENCER não combinam. E, embora seja uma rima, não é uma solução! Na sobriedade total está a lucidez. Com a mente limpa e o sistema nervoso livre de toxinas (venenos), podemos empreender nossa jornada rumo ao triunfo.

Não beba (nada), não use drogas, não fume, não jogue. Isso não é ser puritano, é ser inteligente!

Cientistas provaram que o ÁLCOOL prejudica o raciocínio, o aprendizado, a argumentação e a venda!

O álcool é uma toxina (veneno) que atravessa a barreira cerebral sem dificuldade. A bebida alcoólica produz um forte efeito depressivo sobre as células do cérebro, que aos poucos ficam danificadas pela aglutinação dos glóbulos vermelhos do sangue, que passam a bloquear certas artérias que têm importantes funções específicas.

Além disso, mesmo em pequenas doses diárias, mas constantes, pode danificar células nervosas e até causar neurite alcoólica dos braços, das pernas e de outras partes do corpo.

O melhor mesmo é não beber, é estar lúcido e preparado para sentir a vida em toda a sua intensidade, inclusive o amor, a alegria, o dinamismo, a vitória, o sexo e o triunfo.

Quando se trata de conquistar o êxito, firme ânimo e persistência na adversidade valem mais que um exército.

O sucesso é sempre medido pelos RESULTADOS, nunca pelos sonhos ou projetos.

Não é a vitória que faz o homem, mas a luta que ele trava, o espírito de luta que ele tem...

Não é a vitória, e sim a luta que faz um homem. O que prova um homem é a luta que ele trava, a persistência que mostra a cada dia. A sua resistência ante os embates e os golpes repetidos da sorte.

O homem que, mesmo vencido, resiste de pé e recebe de cabeça erguida todos os golpes do destino.

Sangrando, ferido e enfraquecido, esse é o homem que vencerá afinal, pois não tem medo do fracasso.

Os golpes que recebemos na vida, os choques a que resistimos, as horas de tristeza e amargura, o prêmio que nos foge das mãos – eis as provas a que somos submetidos e que marcam o nosso valor.

Os golpes que recebemos e aparamos neste mundo mostram a fibra de que somos feitos.

*

Na verdade, precisamos entender que todos os "inimigos" estão em nós mesmos, em nosso pensamento.

Precisamos saber que todas as coisas que nos acontecem são lições de vida.

Somente assim cresceremos no interior e seremos realmente filhos de Deus!

*

Se quisermos progredir, temos que dar provas de valor na batalha da vida. O sucesso não cai do céu – ele deve ser conquistado.

*

Coloque em sua empresa, sua loja ou seu escritório os seguintes dizeres na parede:

AQUI SÓ SE FALA EM PROSPERIDADE.

Ou, então, este aviso:

SE TEM BOAS NOTÍCIAS, PODE CONTAR; SE TRAZ MÁS NOTÍCIAS, FIQUE CALADO.

*

UMA ANÁLISE DOS NEGÓCIOS. Se os seus negócios andam mal, quem sabe a culpa não é sua? Somente sua e de mais ninguém.

Faça uma autoanálise. Verifique, quem sabe você tem sido pessimista o tempo todo, esperando somente o pior. Quem sabe anda bebendo muito, ou negligenciando o próprio negócio, meio indolente às vezes, desanimado, deprimido.

Quem sabe não cuida com zelo e entusiasmo do local, faltando ordem e disciplina, gerando desarmonia entre os funcionários?

Quem sabe você quer fazer tudo sozinho, sem delegar poderes a gerentes ou secretárias? Quem sabe você chega tarde ao trabalho, falta muito, está sempre em "reunião" ou se ausenta muito?

Quem sabe falta-lhe entusiasmo, ou persistência, ou constância, ou ânimo diante de problemas e reveses?

Muitas vezes é o tratamento aos clientes ou fregueses que não é bom. Outras vezes é a falta de promoção do negócio, ou falta de se promover (o próprio nome). Ou, quem sabe, precisa dinamizar as vendas?

Faça uma análise sincera e um *check-up* no seu negócio ou atividade – descubra as falhas e doenças e trate de curá-las.

*

Quando tudo vai MAL e nos sentimos cansados e desanimados, o que devemos fazer? O remédio é simples e infalível: continuar reagindo, lutando, buscando, sempre firmes no desejo de vencer. Não importa quais sejam os reveses e problemas – o que vale é a nossa disposição pessoal. Porque nada temos de nosso, a não ser em nossa consciência, em nosso mundo interior.

Enfrentar é muito melhor!

Seja o que for, assuma uma atitude de confiança, coragem e luta calma. Faça uma prece para Deus iluminar você. Ou o grande Mestre Jesus Cristo, ou a Mãe Santíssima.

Sua consciência e seu mundo interior se encherão de vida e de luz, e você resolverá todos os problemas que tiver.

Esconder-se encolhido na trincheira é muito pior e doloroso, traumatizante.

Pense: EU POSSO, EU CONSIGO, DEUS me ajuda.

Não existem derrotas para os filhos de Deus. O que parece ser derrota é apenas um revés passageiro neste planeta e deve ser encarado como uma lição de vida, um degrau para subir mais alto.

Reanimar-se e voltar para a luta, trabalhar firme, sempre mais experiente.

Os reveses nos ensinam a não errar. E quem busca a força no seu Deus Interior nunca será, de fato, derrotado.

A única pessoa no mundo inteiro que pode construir, ou reconstruir sua vida, é você mesmo...

*

Seja qual for o seu trabalho, faça o melhor que você pode fazer, dê o máximo de si mesmo. Mas não se espante com os resultados – porque o sucesso ou a promoção estarão a caminho.

*

Para o sucesso ou o triunfo, como para tudo o mais, devemos primeiramente MERECER.

*

Numa eventual derrota, nunca se julgue um fracassado. Talvez você esteja passando por seu tempo de prova.

*

COMO É QUE PODE? – dizia aquele vendedor fracassado: "Meu carro e eu temos muita coisa em comum: ambos bebemos muito, soltamos muita fumaça e não conseguimos trabalhar direito. Pela manhã, estamos sempre enguiçados...".

*

Quem numa discussão se cala, mesmo tendo razão, está mais próximo de Deus!

Manter a calma é indispensável para a vitória, em qualquer setor de atividade. A agressividade gera a derrota.

*

Seja ÚTIL e eficiente no seu trabalho, seja ele qual for. Você só tem PAZ de espírito quando sabe que está dando o melhor de si.

E tudo que fizer, faça bem-feito, gasta a mesma energia que fazer mal-feito. Em compensação, você será reconhecido e promovido. A lei de causa e efeito não falha.

*

Se você está mal empregado, num lugar errado, desempregado ou parado por qualquer motivo, não se desanime.

Siga lendo e estudando os ensinamentos dos *Salmos do sucesso*. Acredite, do fundo do coração, que tudo vai melhorar, que você encontrará seu lugar. Não fique lastimando sua sorte, saiba que o semelhante atrai o semelhante. Portanto, pense e fale com otimismo e autoconfiança, uma solução surgirá.

Espere sempre pelo melhor, numa expectativa de realização. E tudo vai dar certo!

*

Seja qual for o seu trabalho – de diretor, chefe, assessor, auxiliar de escritório, vendedor, industrial, cozinheiro, artista, operário, lavrador ou sacerdote –, qualquer que seja a sua função, DÊ-LHE O MELHOR DE SEUS ESFORÇOS.

Trabalhe bem, trabalhe certo, faça o seu serviço o melhor que puder. Com isso você estará ajudando todos e, principalmente, a si próprio!

Porque não há nada melhor para o sucesso e a paz de espírito do que a missão cumprida.

*

Se você por acaso fracassou em algum setor, não desanime. Talvez não seja esse o melhor setor para você. Ou, quem sabe, você tenha vocação para outras e melhores atividades, para voos mais altos?

Nunca desanime... Mesmo que tenha falido, não é o fim do mundo. Pode ser, pelo contrário, o começo de tudo, de uma vida nova, sem os erros que cometeu, sem os sonhos impossíveis, mais maduro e com uma experiência que vale ouro!

VIDA NOVA, que maravilha, você pode recomeçar tudo – o passado já passou, não vale mais nada! Agora, com os pés em terra firme, vamos ao SUCESSO...

*

Thomas Edison, um dos maiores gênios inventores do mundo, era um telegrafista errante e fracassou inúmeras vezes antes de descobrir o talento existente em seu interior.

Você é a soma de todas as causas e todos os efeitos que fixou em si mesmo por meio de suas atitudes mentais e emocionais.

O resultado final é você mesmo! O que o homem plantar... é o que ele colherá.

*

Para triunfar na vida, é fundamental ter habilidade para saber aproveitar as lições que a adversidade nos dá.

Não canso de frisar que tudo o que nos acontece é uma lição de vida. Analise, portanto, o verdadeiro motivo de qualquer fracasso anterior. E aprenda a não cometer nunca mais o mesmo erro.

Todo mundo comete falhas. Não se envergonhe de reveses, eles fazem parte da luta pela vida. E se um choque causado por um problema o afetou demais, saia para dar uma volta, faça alguma coisa diferente, não se amarre naquela adversidade, descanse a mente.

Use sempre o revés a SEU favor, nunca contra. Analise, estude – saiba tirar partido dos seus problemas. Porque, se você se perturbar, deixar-se dominar, jamais vencerá…

*

Uma descoberta médica muito importante foi feita pelo dr. Irving Lodge:

A INTELIGÊNCIA NÃO ENVELHECE.

Isso quer dizer que aos cinquenta, sessenta anos de idade ou mais, somos capazes do mesmo esforço mental que aos vinte. E essa afirmação vem animar muita gente!

O corpo físico, os órgãos e os membros sofrem problemas de saúde – mas a mente, não. O dr. Lodge submeteu grupos de 150 pessoas, de vinte a setenta anos de idade, ao teste de Thorndike, para medir a capacidade puramente mental e cerebral. Os mais velhos tinham maior raciocínio, uma mente mais experiente que a dos mais novos! E os indivíduos de cinquenta e sessenta anos de idade mostraram resultados superiores aos de jovens de 25 anos.

Os mais idosos não veem nem escutam tão bem, e os reflexos são menos vivos, mas a capacidade mental é superior.

No Oriente, as pessoas mais velhas (às vezes muito idosas, de longas barbas bem brancas) são muito respeitadas porque são mais sábias e experientes.

No Ocidente (na Europa e Américas), não existe esse merecido respeito. Pelo contrário, não há nem sequer muita paciência e tolerância com os mais velhos!

Agora, com a descoberta do dr. Lodge, o prestígio está aumentado: a vida começa aos cinquenta anos!

*

Permita-me repetir, neste final, que a BEBIDA prejudica tremendamente o desempenho da pessoa para o sucesso na vida.

A garrafa, entretanto, engana muitas vezes, porque tem uma grande vantagem: não faz perguntas, não impõe obrigações, apaga as vergonhas e as mágoas presentes e passadas, pelo preço de destruir o futuro da pessoa.

A bebida ilude e atrai principalmente: todos os tipos de perdas e infelicidades pessoais; as perdas materiais há longo tempo esperadas; a ameaça ou certeza de abandono ou traição por pessoas amadas; os vários tipos de medo de enfrentar uma realidade.

Nesses casos, a depressão conduz a uma "fuga" para o esconderijo na caverna sinistra da bebida.

E, mesmo em caso de beber socialmente (o que é uma ilusão), a pessoa perderá, cada vez mais, tempo, saúde e dinheiro – cada vez mais se afastando da verdadeira vitória na vida.

Porque não adianta teimar, insistir ou se iludir – a bebida nunca salvou ninguém. PARE DE BEBER hoje mesmo. E viva muito mais vitorioso e feliz!

*

O FUMO também jamais ajudou alguém em qualquer sentido. Os males do fumo para a saúde da pessoa são terríveis. É um tremendo veneno.

Os pulmões nasceram para respirar ar puro e o oxigênio com bons nutrientes. Nossos pulmões não suportam a fumaceira dos cigarros e a terrível nicotina.

Os malefícios que os cigarros jogam nos pulmões (e na boca e na garganta) são espalhados pelo corpo de forma violenta.

E as doenças que isso provoca são inúmeras e, muitas vezes, fatais.

Não se discute. Fumar não faz o mínimo bem à saúde. É um vício do estado mental da pessoa, o fumante está preso e amarrado a um hábito nefasto e negativo, baseado num psíquico nervoso contaminado por problemas mentais que jazem no fundo do subconsciente.

Toda pessoa fuma (e às vezes absurdamente) por defeitos de comportamento e formação espiritual errônea – por não se valorizar, por não amar...

Seja inteligente: livre-se desse veneno, que tanto prejudica você. Passe a gostar de si mesmo – pare de fumar!

*

Seja, de hoje em diante, um homem ou uma mulher que aprendeu a viver a própria vida, independentemente do que os outros possam pensar ou falar de você!

Deixe que sua liberdade lhe proporcione mais satisfação do que toda a glória do mundo.

Você jamais deve se esquecer do fantástico poder que tem em si mesmo. Com esse poder divino, sem depender de mais ninguém (a não ser de uma convivência com DEUS), tendo ou não dinheiro suficiente agora, você poderá triunfar na vida, com sucesso em tudo que fizer.

*

Deixe que sua liberdade lhe proporcione mais satisfação do que toda a glória do mundo.

Podemos programar nossa vida e nosso sucesso

Nossa mente é um fantástico computador, que trabalha de acordo com a programação que colocamos nele. Essa programação é realizada (nada mais, nada menos) pelos nossos pensamentos! Portanto, veja bem como somos realmente os donos do nosso destino – como somos o resultado do que pensamos.

Se, pelo pensamento, fazemos uma programação negativa e destrutiva no nosso computador mental, esse nosso computador interior vai realizar, isto é, trazer para nós resultados negativos, coisas ruins, fracassos.

Mas se, espertamente, mantivermos somente pensamentos positivos em nossa mente superconsciente, imaginando sempre coisas boas, progresso, sucesso, muita saúde e muito dinheiro – então nosso computador interior (infalivelmente) atrairá para nós, na vida prática, coisas maravilhosas, progresso, sucesso, muita saúde e muito dinheiro...

Nosso superconsciente (não o subconsciente), nosso computador – encaixado lá no fundo de nossa mente – não raciocina nem discute. Segue ao pé da letra as nossas ordens. É por isso que não devemos pensar negativamente ou com pessimismo, porque nossos pensamentos são ordens que serão cumpridas inexoravelmente.

Daí a sentença filosófica: "colhemos exatamente aquilo que plantamos".

Então, pela transformação espiritual, ficamos sabendo que somos poderosos – e temos, em nós, um triângulo mental. O subconsciente, que é a memória; o consciente, que é o raciocínio da nossa vida cotidiana; e o superconsciente ou espírito, a mente superior ligada a Deus e ao Reino de Luz, o nosso computador interior. Subconsciente, consciente e superconsciente.

Ficamos sabendo, também, por que têm acontecido tantas coisas ruins em nossa vida. Tantos problemas, tantas doenças e até acidentes, tanta falta de dinheiro, tantas lágrimas e tantos conflitos, tanta desarmonia em nossa família. Tudo aconteceu porque estivemos pensando negativamente, com pessimismo e longe de Deus – o tempo todo. Dando somente ordens destrutivas ao nosso magnífico computador interior.

Sem saber, estávamos fabricando o nosso próprio infortúnio, as nossas próprias misérias, as nossas carências e todas as nossas aflições.

E reclamávamos de tudo, fazendo tudo ficar cada vez pior.

Mas, com grito de esperança, entendemos agora que ainda é tempo! Que podemos mudar tudo, ser felizes e prósperos, sadios, alegres e sem problema algum.

Basta que passemos a usar a nossa imaginação de forma positiva, pensando só com otimismo construtivo, para a frente...

*

OS CAMPONESES, homens do campo e roça, nunca foram mais abençoados com mais lógica e bom argumento do que as pessoas das cidades. Apenas utilizam esses dons com mais frequência e sabedoria.

*

VENCER PARTINDO DO ZERO. Riqueza e muito dinheiro não fazem mais campeões. A campeã olímpica mundial Jackie Joyner-Kersee nasceu e viveu na paupérrima zona de Saint Louis, Missouri, nos Estados Unidos. A mãe dela era muito pobre, mas lhe ensinou três ricos valores: MODÉSTIA (ou simplicidade), FÉ piedosa e PERSEVERANÇA (lutar muito, antes de desistir).

"Eu tinha roupas de chita para vestir. Nunca podia vestir roupas vistosas. E só tive autorização para sair sozinha depois dos dezoito anos. Como era muito pobre, só me embrenhava em coisas grátis – nos estudos e nos esportes."

*

O pobre rigor natural da mãe de Joyner-Kersee compensou a mocinha com DETERMINAÇÃO. Formou-se como a melhor do colégio e bateu recordes de salto em distância e outras modalidades... até ganhar as medalhas de ouro nas Olimpíadas.

"Nunca perdi a garra, nem desistia quando perdia uma prova. Pensava sempre que tinha que me esforçar mais – eu posso, eu consigo, vou vencer..."

Modéstia, fé convicta e persistência. Nada, nem um centavo... somente isso.

*

PRECISAMOS MELHORAR. Hoje, o mundo precisa de mais AMOR, muito amor, mais tolerância, mais simplicidade, mais cultura e ESTUDO, mais amor ao próximo, melhores governos e menos política, mais obras, mais comida e alimentos para os pobres, mais justiça para todos, mais SAÚDE com muito mais hospitais, mais moradia e teto para abrigar os marginalizados – com pequenas casas para todos –, mais terrenos para os sem-terra, mais proteção e segurança com polícias dignas e humanas, mais HONESTIDADE em todos os corações, mais consciência e menos maldade.

NOSSO MUNDO, VASTO MUNDO, está cada dia pior, estamos até esquecendo que a NATUREZA existe.

“Colhemos exatamente aquilo que plantamos”

Acredite para vencer

A FÉ é a nossa maior fonte de força. Ter esperança é importante – mas ter FÉ é muito mais. Acreditar. Pensar, imaginar, visualizar e meditar que tudo vai dar certo. TUDO VAI DAR CERTO. Esperar, com convicção de que tudo melhorará, de que boas coisas começarão a acontecer, que CHEGA DE SOFRER, que acabarão as aflições e os problemas.

Esperar sempre, de hoje em diante, pelo melhor.

Quem espera com FÉ sempre alcança. Somente se torna GRANDE quem pensa grande. Quem nasceu para abobrinha (e se conforma com isso) jamais será melão ou melancia...

Nós somos o que pensamos que somos.

Nós conseguimos o que acreditamos poder realizar.

E nunca seremos derrotados enquanto não aceitarmos a derrota, enquanto levantarmos de novo, sacudindo a poeira e dando a volta por cima.

Não é a vitória que faz um homem – mas a luta que ele trava e enfrenta, destemido, com garra, fé e esperança.

Seja em que situação for, amorosa, do trabalho, dos estudos, da família, se você se julgar derrotado e derrubado, vencido estará.

Se achar que não tem coragem para enfrentar a situação, nada conseguirá. Se quiser vencer, mas pensar que não pode, por certo não poderá.

Se viver pensando negativo, será sempre um perdedor. Se não acreditar em sua força interior como filho de Deus, não vencerá. Se achar que vai perder, não obstante todos os seus esforços, então estará perdido. Depende sempre de você ser um perdedor ou VENCEDOR...

As batalhas da vida nem sempre são vencidas pelo mais forte, mais maldoso, mais ligeiro ou mais armado. Mais cedo ou mais tarde, vencerá a pessoa que tem mais fé, que acredita mais, que usa seus poderes interiores, que se liga e sintoniza com um Poder Superior. Essa pessoa, embora mais fraca e menos armada, é aquela que acaba vencendo a batalha, porque acredita que pode vencer.

DAVI derrubou e venceu GOLIAS – e ele não teria a mínima condição se não acreditasse que podia vencer. Lembre-se sempre: dentro de você mesmo está todo o poder para ser um VENCEDOR.

*

ACREDITAR E AGIR. Dentro de você está todo o poder para fazer da vida um grande sucesso. Os negócios de Deus são sempre prósperos. Faça sempre o melhor que puder – e espere sempre pelo melhor, pelo triunfo. Depende apenas de você… Pense positivo, com otimismo. Espere sempre pelo melhor, e o melhor sempre acontecerá.

*

Quando surgir um problema ou um caso desagradável, encare sempre toda aflição com um sorriso de fé e esperança. Preocupações e medos nunca resolveram nada. Enfrente com calma o problema, confiante em si mesmo e na ajuda de Deus. Você vencerá, mas tem que acreditar.

*

Oh, Senhor... eu não peço que afaste de mim as dificuldades, mas que me anime a enfrentá-las. E me ilumine para sair bem de todas elas.

CALMA E MUITA FÉ – Tolere sempre os defeitos dos outros. Por aqueles que estão errados, reze para que se acenda uma LUZ na sua escuridão.

Olhe sempre o lado bom de todas as coisas e de todas as pessoas, porque em tudo há o lado BOM... e tudo que nos acontece é uma LIÇÃO DE VIDA. Temos sempre que aprender com os erros dos outros.

UM FANTÁSTICO UNIVERSO – Nós vivemos num mundo pequeno entre milhões de outros mundos. A nossa passagem pelo planeta TERRA, rumo a um mundo melhor e, por final, a morada de DEUS PAI, criador de todas as coisas, é um teste de problemas e dificuldades. Muitas coisas nos constrangem e afligem.

O mundo é assim...

Mas, se soubermos enfrentar e não fugir das dificuldades, passaremos pela Terra com uma boa nota em nosso boletim cósmico de vida. E partiremos para um novo mundo muito melhor, porque estaremos evoluídos.

Duas pessoas, numa mesma situação difícil, agem de maneiras diferentes. Uma se revolta, agride, xinga, perde a fé em Deus e em si própria, acha tudo um inferno. Outra aceita o problema com resignação e agradece a Deus a oportunidade de evoluir a sua alma e de crescer com a gente. Aumenta a sua FÉ, age filosoficamente, aprende a lição de vida que aquilo encerra e consegue resolver tudo. Porque ACEITOU, enfrentou com um Poder Superior e não fugiu do problema, por mais grave que fosse. Resolveu e continua vivendo em PAZ – rumo a um mundo muito melhor.

DAVI derrubou e venceu GOLIAS – e ele não teria a mínima condição se não acreditasse que podia vencer.

Os quinze itens da purificação para melhorar toda a sua vida

1. TOLERÂNCIA. Aceitação pacífica e calma.

2. Não RECLAMAR de nada, mesmo tendo razão. E nunca reclamar do que não tem.

3. Nunca OFENDER ninguém. Elogiar – ou calar.

4. ELOGIAR o máximo que puder. Sentir o BOM nas pessoas, não seus erros.

5. AJUDAR, ajudar os outros sempre – da melhor maneira que puder.

6. AGRADECER por tudo, a Deus e às pessoas. Acostumar-se com o "muito obrigado" – ver sempre as estrelas mesmo pisando na lama.

7. PERDOAR a si mesmo, por todos os seus erros – presentes e passados. E esquecer. O passado já passou.

8. PERDOAR sempre os outros. Parentes, amigos e colegas. Todos.

9. PEDIR PERDÃO A TODOS – inclusive a parentes e amigos falecidos (principalmente PAI e MÃE.

10. Não guardar MÁGOA nem RESSENTIMENTO de ninguém. Tampouco ciúme, raiva etc. ATRAIR a paz e o amor.

11. Dar GRAÇAS A DEUS por tudo que tem – por mínimo que seja. Por estar VIVO, pela família, pelos filhos e netos, pelo SOL, pela CHUVA etc.

12. Não ser NEGATIVO em NADA. Só pensar, agir e sentir positivo, em tudo que fizer. Esperar sempre pelo melhor. Lembrar-se de que o semelhante atrai o semelhante.

13. Não desejar nem comprar nada fútil, nem desnecessário.

14. Não se preocupar nem ter medos e aflições. No fim, tudo terá sido uma lição de vida – e Deus ajuda sempre.

15. Fundamental: manter um CONTATO, todos os dias, de sintonia ou ligação com o PODER SUPERIOR no Reino de Luz, Amor e Paz – numa MEDITAÇÃO, oração ou simples conversa íntima e sincera com DEUS Pai e seus assessores.

(Raja Marausha – 1983)

Depende só de você ter riqueza, prosperidade, êxito, melhor saúde e a deliciosa Paz de Espírito. Acredite, trabalhe, esqueça o passado e rume para a VITÓRIA na VIDA.

Este livro será, no máximo, o seu guia e companheiro de todo dia. E eu, Raja Marausha, serei com muito orgulho o seu padrinho no êxito que você terá, com toda a certeza, no seu triunfal sucesso pessoal.

Meus parabéns. Seja muito feliz!

Seja o máximo que você pode ser!

Se você deseja mesmo SUCESSO NA VIDA, tem que acreditar que pode conseguir esse SUCESSO, ter fé e agir com determinação. Sem dúvidas, partindo rumo ao triunfo em todos os sentidos.

Para conseguir isso, comece hoje mesmo a trilhar o caminho do SUCESSO, lendo todos os dias pela manhã os SALMOS DO SUCESSO.

Não falte um dia sequer (pelo menos uma vez por dia) com esta preciosa leitura. E relaxe o corpo e a mente antes de ler estes Salmos de Raja

Marausha, escritos na primeira pessoa do singular, como se você tivesse escrito, para si mesmo!

Salmos do sucesso na vida

Raja Marausha

I

Eu sou espírito

Eu sou Espírito, Alma,
Deus Filho, Filho de Deus,
perfeito e iluminado.

Para esta vida,
no planeta Terra, tive que nascer
num corpo físico e material,
característico deste mundo.

Tenho um nome,
uma descendência familiar,
um sexo e uma forma humana.

Mas este corpo não é
meu EU verdadeiro.

Eu sou espírito, alma, Deus Filho,
Filho de Deus, perfeito e bom.

Não importa minha aparência
física, terrena, exterior, corporal.

O que eu sou – INTERIOR,
perfeito e maravilhoso –
é o que importa realmente, meu EU.

II

Livre e independente

Como faço parte de uma comunidade, tenho que respeitar as LEIS e obedecer a um código de ética e de moral.

Mas não tenho absolutamente que me deixar ser rotulado nem dirigido pela Sociedade...

EU SOU EU, livre e independente
para ser o que gosto de ser,
para fazer o que gosto de fazer,
para encontrar meu lugar
e trabalhar de acordo
com minha vocação.

**Deus Pai me orienta,
e sua orientação é perfeita.**

**Deus Pai me protege em tudo, e sua
Proteção é infalivelmente perfeita.**

III

Protegido na paz e alegria

Trabalho, estudo,
esforço-me no sentido
de uma meta, de um
Objetivo Definido que eu
sinto e decido ser o melhor
para mim, aquilo que eu
mais gosto de fazer e SER.

EU SOU EU.
E decido sempre o melhor
caminho a seguir...

EU POSSO!
EU CONSIGO!

Tenho todo o Poder de Deus dentro de mim. Meu coração pulsa de amor, minha inteligência vibra de entusiasmo.

Minha vida neste mundo é cheia de Paz e se exalta na alegria pura.

IV

Venço crises e problemas

Surgem problemas na minha vida,
e eu tenho que enfrentá-los.

Eu sei, Senhor,
que dificuldades são inevitáveis.

Quero ter forças para não fugir delas.

E coragem para enfrentá-las...

Peço vossa ajuda para transformar
cada problema meu, simples
ou grave, em exercício positivo
para evoluir a minha alma...

Dai-me, Senhor, agora e sempre a Vossa Paz. E muito obrigado por tudo, mais uma vez, dar certo.

Deus me ilumine para sair bem de todos os problemas da vida...

Eu resolvo meus problemas, supero meus obstáculos, na santa PAZ DO SENHOR,

Sou ligado diretamente ao maravilhoso Poder Cósmico Infinito,

Como é fantástico ser FILHO DE DEUS e contar sempre com seu auxílio de AMOR.

*

Muitas vezes um contratempo, um revés, uma tristeza ou um sofrimento representam LIÇÕES DE VIDA.

Uma crise pode ser a mensagem de Deus Cósmico a indicar que alguma coisa anda mesmo ERRADA comigo...

Então, tenho que parar e pensar.

Fico relaxado no silêncio, meditando, aguardando a SENHORA MÃE DA PAZ – e ela, bondosa, sempre vem.

Com a resposta, na minha mente, a todos os meus problemas e aflições.

A PAZ no meu coração...

V

Na harmonia do lar

Todo sucesso começa em casa!

Somente do ambiente harmonioso e em paz podem sair líderes, campeões, bons funcionários, homens e mulheres vitoriosos na vida.

Agora eu colaboro para melhorar o ambiente geral de minha casa.

Tenho tolerância e procuro destacar só o lado bom das pessoas, o positivo.

Se todo mundo tem defeito, por que ficar apontando?

Eu faço a minha parte. Fico muito feliz em poder ajudar no bom ambiente de casa.

Porque a harmonia na família promove o êxito de todos...

E a harmonia, a combinação do casal, o alegre amor conjugal, são a base firme do SUCESSO.

Não surgem campeões (jamais) das brigas de casais...

VI

Confio e espero no Senhor

Faço apenas aquilo que julgo direito!

Minha ação é toda baseada na minha força interior – ou consciência.

Sei que Deus está vivendo e operando na minha vida.

Se não consigo alcançar agora um objetivo, alcançarei um melhor no tempo certo.

Se não consigo esta venda agora, farei outra muito maior logo depois...

Se não consigo o emprego ou o cargo que pretendo – terei na certa outro melhor.

Meu AMANHÃ será sempre muito melhor.

CONFIO E ESPERO NO SENHOR...

Vou sempre em frente. Sigo lutando, sigo estudando o assunto, sigo trabalhando, sigo esperançoso e otimista – e acreditando na minha capacidade.

VII

Com fé e persistência

Tudo é possível... para quem é sempre dirigido por seu DEUS INTERIOR.

Tudo é possível... para quem não esmorece na Fé, para quem persiste, acreditando, não desanima e segue lutando até o sucesso final.

Desistir é muito fácil.

Acomodar-se é muito cômodo.

Mas EU tenho fibra e garra, tenho o Poder Cósmico de todas as galáxias e toda a Força que criou o Universo...

Deus Pai me fez assim:

Espírito forte, persistente, invencível.

Sei que o mais importante não é a vitória em si, porque não é a vitória que enobrece o homem, mas o tipo de luta valente que ele trava, sem medo.

A persistência, o seguir lutando, o seguir acreditando, não obstante os obstáculos...

As pedras no caminho eu afasto com minha FÉ inabalável em DEUS PAI e no meu Deus Interior.

VIII

Vencendo o medo

EU POSSO – EU CONSIGO!

Sigo firme para a frente.

Os fantasmas da vida não me assustam.

Sei que o MEDO é o maior inimigo do homem – por isso não aceito ter medo ou temor, recuso-me a sentir qualquer tipo de medo...

A Fé em Deus afasta o medo.

Quem tem ansiedade medrosa
ou tensão não acredita na
proteção de Deus.

Nem acredita em si próprio.

*

Eu ACREDITO
EM MIM MESMO.

Sigo firme para a frente, não importam o mar revolto nem as tempestades da vida!

Porque eu tenho a PAZ de CRISTO no meu coração. Porque eu creio que Deus ouve minhas orações.

Deus me abraça, me envolve, me protege.

Sou seu filho querido...

E Jesus Cristo é o meu maior amigo – em toda circunstância está presente!

Sinto-me em total segurança, tenho confiança plena, porque sou Filho de Deus – e grande amigo, fiel, de Jesus Cristo.

De que terei medo, portanto?

Eu rirei sempre das adversidades e dos obstáculos que surgirem. No máximo serão "lições de vida", como diz sempre o filósofo Raja Marausha.

Darei sempre gostosas gargalhadas de júbilo, alegria e vitória diante do espanto de meus adversários...

DEUS está comigo, e eu estou com Deus.

Não tenho medo de nada nem de ninguém, porque DEUS é coragem e amor.

Meu espírito é sempre glorioso e não sofre NADA.

Somente se exalta com alegria e PAZ.

IX

O triângulo perfeito

Eu sigo o triângulo da perfeição.
PENSAR, AGIR E SENTIR POSITIVAMENTE...

Sei que não basta o pensamento positivo. Que é preciso também uma reforma de coração.

Ter o sentimento positivo.

Sei também que a FÉ sem ação é morta!

Que não bastam pensamento e sentimento positivos. É preciso fechar o triângulo com a AÇÃO POSITIVA.

Agir positivamente em
todos os sentidos...

Uma ação firme e decidida.

EU POSSO, EU CONSIGO.

Por isso sou um VITORIOSO!

X

Ampliando horizontes

Gosto de ampliar sempre meus conhecimentos e amizades.

Estudarei sempre orientado pela iluminação divina, Superior.

Nos negócios, na minha profissão, no relacionamento com as pessoas.

Tenho que estudar sempre.

Amplio meus horizontes. Tenho conhecimento geral de TUDO e uma sabedoria especial no meu setor de atividade.

Não me canso de afirmar, mas sem orgulho – apenas autoconfiança:

SOU UM VITORIOSO!

E não podia ser de outra forma.

Todas as pessoas poderiam ser vitoriosas na vida, ter sucesso e paz de espírito, riqueza espiritual e material em abundância. Prosperidade.

Todas as pessoas poderiam ser felizes se fizessem o que já estou fazendo: tomando consciência firme e convicção absoluta de que SOU ESPÍRITO, sou FILHO de DEUS, de que posso conseguir tudo o que desejo e acredito, com FÉ inabalável...

XI

O livre-arbítrio

SOU LIVRE. Tenho dentro de mim todo o Poder. O poder para realizar e ser plenamente feliz e independente.

SOU FELIZ. E dono de meu destino!

Ninguém manda no meu pensamento, no meu querer e acreditar.

Sei que Deus criou as pessoas para serem plenamente felizes.

Mas nos deu liberdade de ação...

Então o homem usa o livre-arbítrio de maneira errada.

Provocando toda espécie de infelicidade, de guerras, disputas egoístas, agressões, maldades, ganância por dinheiro, medos, crimes, bebidas, fumo, jogos, traições, sexualidade e aflições sem conta.

Sei que não foi um erro de Deus dar ao homem liberdade de escolha.

Deus não erra jamais.

O livre-arbítrio é o teste máximo nesta vida no planeta Terra, nesta passagem rumo à Morada do Pai, ainda longínqua...

Conforme o resultado nesse teste, terá o homem a marca de sua nova vida "noutra dimensão".

Porque conforme semeias, colherás...

E tristemente eu sei que a humanidade só está plantando ervas daninhas...

XII

Como ser feliz

Foi o próprio ser humano,
por sua própria conta,
que inventou a infelicidade,
a pobreza, os conflitos
e os negativismos.

Então apareceram
as doenças, provocadas pelas
mentes conturbadas, desarmonia
no pensamento, causando dores
e desequilíbrios no corpo.

Agora eu sei tudo isso.
E prefiro obedecer às leis da
natureza e de Deus, vivendo
uma vida preciosa e sadia.

O espírito comanda a matéria
e quem tem pensamentos e
sentimentos bons e corretos
vive uma vida maravilhosa...

O triângulo:
pensamento, sentimento e ação
positivos – eis minha lei.

POR ISSO SOU
UM VITORIOSO!

XIII

Imaginação, dom sublime

Levanto-me resoluto todos os dias.

Vou em frente, animado,
tenho a força magnífica
do entusiasmo.

No final de cada dia,
tenho sempre alegrias para
recordar, com prazer.

Penso apenas coisas boas.

Afasto da mente todo negativismo.

Espero sempre pelo melhor.

Não imagino (jamais) obstáculos
na minha mente. ACREDITO
NO SUCESSO. Vou em frente
sem pensar em obstáculos.

Visualizo um resultado excelente
cada vez que entro numa luta
ou lido com um problema.

Seja o que for, imagino (mentalizo)
apenas a vitória como já alcançada!

ACREDITO NO SUCESSO.

Não imagino obstáculos
na minha mente.

A imaginação é o meu dom mais
forte e sublime – é poderosa, então
não vou usá-la negativa e contra
mim, mas somente positiva e
esperando sempre pelo MELHOR.

XIV

Importância de ser jovem

Sei da importância de ser jovem, neste mundo conturbado e sempre em crise. Conflitos, caos, fome, ódios, agressões em toda parte.

Sei também que existe o LADO BOM nesta Terra: o nosso paraíso mental...

Em nossas mãos está o destino das nações. As outras gerações já tiveram a sua chance e erraram mais do que acertaram. Agora é a nossa vez...

A hora e a vez de uma juventude consciente, lúcida, altiva, corajosa, destemida... e espiritualizada.

Nós, os jovens,
em busca de nossas origens,
de nossas raízes, do plano
divino em nosso interior.

Os jovens que se preocupam
agora com o Poder da Mente.

O maior poder da face da Terra,
esse nosso poder mental,
ligado e sintonizado com a
Inteligência Infinita.

A grande Vida do Universo está
em todos nós – e eu desperto
para esta GRANDE VERDADE.

O Reino de Deus
está dentro de mim.

Esta é a chave de ouro para
o SUCESSO nesta vida...

Sou também jovem...
e agradeço a Deus estar sendo
despertado na ARTE DE
VIVER, neste momento tão
importante da minha vida.

Agradeço a Deus este livro de ouro ter caído em minhas mãos. Ele transforma, para muito melhor, toda a vida. Enche-me de esperança. Ilumina a escuridão dentro de mim – e a minha perspectiva de vida. Faz-me JOVEM de novo (que maravilha), sacode-me, GRITA DE AMOR POR MIM... para que eu seja Gente, uma pessoa de caráter, um gigante espiritual.

XV

Em paz comigo mesmo

Quem desperta para a VERDADE, para a grande Verdade do Filho de Deus, não precisa beber demais, nem fumar, nem depender de remédios e comprimidos.

EU não sofro mais nenhuma carência (falta) de afeto.

Não fujo de nada, nem de mim mesmo, nem da vida lúcida, clara e sóbria.

ENCONTRAREI A VIDA FELIZ do trabalho, da realização, da família, do lazer sadio, do AMOR verdadeiro.

ESTOU EM PAZ
COMIGO MESMO e isso
é sensacional...

Quero, portanto,
ver e viver a
VIDA INTENSAMENTE.

Nunca com névoa de álcool ou tóxico
na minha mente tumultuada.

QUERO PRODUZIR
O MÁXIMO.

Quero realizar-me como gente, ter
o espírito plenamente satisfeito,
livre e descontraído, cheio de
grandes planos para realizar.

Lastimo aqueles que são escravos
dos vícios e dos exageros, dos
apegos materialistas, das paixões
desenfreadas... e escravos que
não dominam suas emoções.

Eles estão ainda à procura de si
mesmos, errantes, e seus corações
estão sedentos de amor, sedentos
de AMOR próprio e de outros!

Felizmente, grande número de pessoas está passando para o LADO DA VIDA, da vida plena, sem vícios e sem apegos, graças à leitura diária e constante destes SALMOS.

E tantas e tantas pessoas precisam tanto viver a vida, que peço a Deus que cada livro destes seja uma semente que germine e cresça, se multiplique cada vez mais, no Brasil E EM TODO O MUNDO.

XVI

Uma nova autoestima

Todos os dias, constatarei com alegria a prosperidade no meu trabalho, a sabedoria nos meus negócios, a minha evolução pessoal como graças de Deus – pela minha ajuda aos outros.

Deus me orienta sempre, Deus me protege sempre, Deus me ilumina sempre e me dá forças para seguir lutando e vencendo.

Deus está, também, no meu interior.

EU SOU O FILHO DE DEUS.

Tenho confiança em mim mesmo
e em minha capacidade. EU SOU.

Meus sonhos se transformam
em realidade com o Poder
Criador que existe em mim.

Visualizo diariamente meus
objetivos e minhas metas e a cada
dia realizo sempre mais e mais.

O futuro me pertence.

Faço de meu futuro, com meu Poder
Mental, o que eu quero que ele seja.

Dependo só de mim para
triunfar com brilho.

Não guardo pensamentos negativos.

Quando eles surgem na
mente, expulso-os e penso
coisas boas e positivas.

Já substituí meus medos, minhas
preocupações e angústias
pela coragem, pela fé e pela
maravilhosa consciência de que
sou um filho querido de Deus.

Por que, então, temer
ou me preocupar?

Ao contrário, procuro ser alegre.
Tenho amigos e faço novas amizades.
Não fico mais na toca, enfurnado,
isolado, magoado comigo mesmo...

O passado já passou.

Sou uma NOVA pessoa, transformada
pela mágica do Poder Mental da
FILOSOFIA DA ESPERANÇA.

XVII

O Q.T. e o perdão

Tenho a verdadeira religião,
a Religião Interior.

Nossos templos são os
nossos corações...

Não temos igrejas, nem reuniões, nem
seitas ou cultos. Cada pessoa tem
seu santuário no próprio coração.

É maravilhoso conviver assim,
particularmente, com Deus Pai
através do Grande e Boníssimo
Mestre Jesus Cristo – sem nenhum
compromisso senão o de sermos
corretos, melhores, honestos;
mais puros, calmos, tolerantes,

simples, com mais amor e caridade, ajudando os outros sempre que possível, trabalhando muito...

Nada de santidade falsa, beatice, fanatismo, orgulho religioso, apego ou dependência. Tem que haver liberdade e autoconfiança: confiar e gostar de nós mesmos, em primeiro lugar. E o Amor a Deus e Jesus Cristo, aliado ao nosso amor-próprio. Depois, vem o amor ao próximo, aos outros e à humanidade...

AMO tudo e todos.

Ajudo tudo e todos.

AGRADEÇO a tudo e a todos.

DEUS é o Pai. Eu sou O FILHO DE DEUS.

Tolero tudo e todos.

Tenho um alto Q.T. (Quociente de Tolerância), muito mais alto e importante que o meu Q.I. (Quociente de Inteligência).

Não reclamo de nada nem de ninguém, mesmo porque reclamar não resolve.

Aprendi a PERDOAR e agora sei o fabuloso remédio que é o perdão: cura todos os nossos males, físicos e mentais.

Não guardo raivas, mágoas ou ressentimentos.

Violência gera violência, e só o amor constrói.

Leio sempre, com profunda crença e sentimento de êxito, a seguinte afirmação:

"Tenho coragem, dinamismo e saúde. Estou em Paz com meu Deus e tudo está dando certo, em todos os sentidos. A cada dia, por todos os meios, meu sucesso é maior!"

XVIII

O passado já passou

Por que vou ficar remoendo o passado, se o passado já passou?

O passado se foi...

Hoje é um dia, um dia maravilhoso, cheio de grandes realizações.

O que tínhamos que aprender já aprendemos. Agora é uma nova era, cheia de atitudes positivas.

Vou realizar grandes vitórias, de hoje em diante, amanhã e sempre.

Se tive reveses no passado,
eles serviram de base para
meu aprendizado e minhas
conquistas de agora.

É errando que se aprende a acertar.

Se tiver obstáculos no caminho
de hoje, eles serão degraus para
eu subir mais alto, cada vez
mais alto, rumo ao infinito.

XIX

Um grande vendedor

Cada dia eu faço uma "venda" bem-feita. Pelo menos uma...

Ou vendo minha boa imagem, ou produtos ou serviços, uma aula bem dada, ou uma prova bem-feita na escola, um contato de alto nível, um atendimento, um planejamento no trabalho, um contrato de vulto, uma ideia ou um serviço feito com muito amor. Uma casa, um terreno...

SOU UM GRANDE VENDEDOR

Alcanço o sucesso – e nada nem ninguém pode impedir minha vitória plena nesta vida.

DEUS me fez vitorioso, e eu sou e serei sempre vitorioso.

A cada dia que passa, meu sucesso é maior – conquisto o êxito de forma definitiva.

MEU É O SUCESSO...

XX

Depende só de mim

Eu sei. É claro que não posso vencer na vida se for dependente de remédios, drogas ou bebidas.

Ninguém vence na vida sem uma rígida DISCIPLINA...

Prefiro ser um campeão do leite e do relógio – a perder tempo, saúde e dinheiro com barzinho, falsos amigos, passatempos inúteis e fatalidades dispendiosas.

Sou sintonizado com Deus Pai e faço tudo orientado pelo

meu EU INTERIOR, que é ligado
diretamente ao Poder Cósmico.

Toda a força superior
me é transmitida do ALTO,
mas se expressa através
de mim mesmo...

Minha vitória,
meu sucesso, só dependem
de meu esforço pessoal.

Não dependo de mais ninguém
para vencer na vida!

Deus Pai me criou para ser
vitorioso, feliz e próspero.

Tenho todos os poderes dentro de mim
para possuir riqueza em abundância.

Basta que, primeiramente,
limpe a minha mente e
meu subconsciente,
coisa que faço diariamente,
lendo estes SALMOS.

Busco, portanto, a evolução
espiritual em primeiro lugar –
para que outras coisas, inclusive

a riqueza material, venham depois
como acréscimo natural.

O REINO DE DEUS ESTÁ DENTRO
DE MIM, como já disse Jesus – e EU
expresso agora este magnífico poder.

E não terei desculpas para dar
se eu não "vencer na vida".

Não poderei jamais culpar os outros
se eu não "vencer na vida".

Meus pais, minha criação,
a sociedade, o governo,
o esquema das coisas, nenhuma
circunstância pode impedir que EU
SEJA VITORIOSO, porque sou espírito
criado à imagem e semelhança de
DEUS, com todos os poderes para
ser feliz e triunfar com brilho.

Não precisarei cometer a injustiça
de culpar os outros pelos meus
próprios erros, porque tenho
agora a Religião Interior, a
consciência de meu poder divino,

a grande ideia da liberdade de ação
e a fascinante aventura de viver
cheio de esperança e entusiasmo.

EU POSSO, EU CONSIGO.
EU SOU UM VITORIOSO.

XXI

Eu sou feliz, sou feliz

PENSO positivamente.

SINTO positivamente.

AJO positivamente.
Que maravilhoso!

Que maravilhoso triângulo
da vitória nesta vida!

Sei que o homem se
torna exatamente aquilo
que ele... PENSA.

O pensamento é criador.

O pensamento positivo
irá acumular coisas boas
na minha vida e melhorar
finalmente o meu destino.

Lanço sementes de amor e paz
no jardim de minha vida – e
colherei exatamente flores de
amor e paz, enquanto viver...

Meu Deus, isso é sensacional.

Eu sou feliz. Eu sou feliz. FELIZ.

Ao acordar e antes de me deitar,
todos os dias, eu leio estes SALMOS.

Penetro no Universo Interior do
EU ESPIRITUAL E PSÍQUICO.

Sou alma, espírito eterno e UNO
COM DEUS, que está em mim
com o Universo Cósmico.

Sou um Ser espiritual e em Paz.

Tenho Amor e Luz.

O amor divino está em mim.
E meu espírito se funde no
maravilhoso Amor de CRISTO.

Dou graças por este maravilhoso Poder Cósmico que tenho, de Deus.

Dentro de mim todo o poder.

Dentro de mim todas as soluções.

Dentro de mim todas as vitórias, toda a saúde, a alegria e todo o SUCESSO e toda a PAZ DE CRISTO.

XXII

Deus faz minhas obras

Como é no futuro que viverei o resto de meus dias, eu projeto diariamente o meu bom futuro, meus futuros êxitos.

Cabe sempre a mim tomar a iniciativa – porque Deus não faz nada por mim a não ser através de MIM MESMO.

Deus Pai atua em mim através de meu pensamento e de minha imaginação.

Tudo que faço resulta bem-feito, toda vez que me coloco como expressão do Poder Cósmico de Deus.

É Deus que faz as minhas obras.

E esse é o meu assombroso poder, o mesmo poder infinito que criou o Universo, com os milhões de planetas, estrelas e galáxias!

Sou feito à imagem e semelhança de Deus – todos nós somos Filhos de Deus, somos deuses e não sabemos. Incrível.

Embora quase ninguém use seu magnífico poder, eu agora já sei.

Posso mover uma montanha do lugar, se eu ACREDITAR de fato!

Posso me tornar a grande pessoa que ousar sonhar, a maior de todas, rica, sadia, superfeliz, amada, querida, admirada e respeitada, a pessoa que eu mesmo planejar, que eu quiser de fato!

Construo, eu mesmo, o meu projeto futuro de vida vitoriosa.

A vida é minha, o futuro inteirinho me pertence, para eu fazer dele o que quiser...

Obrigado, Senhor, mil graças por tudo. Como somos tolos em não saber dessa presença grandiosa dentro de nós.

Que Pai boníssimo, este Deus que nos ama tanto e tudo nos dá – sem cogitar se somos ou não merecedores.

Aleluia. Aleluia. Todo este mundo me pertence, sou o meu próprio Rei aqui na Terra, ninguém mais pode impedir

O MEU TRIUNFO NA VIDA...

EU POSSO, EU CONSIGO.

Sou agora o Filho agradecido e bendirei o PAI eternamente...

FINAL

Não sou o corpo

Encontrei, portanto,
a chave do tesouro da vida!

DEUS É O PAI.
EU SOU DE DEUS O FILHO.

Fiz-me ser humano nesta vida
terrena, mas sou um Ser Eterno,
Espiritual e Poderoso.

Este meu corpo me foi emprestado
e tenho que tratar muito bem dele.
Mas não sou EU. EU sou ALMA.

EU sou ESPÍRITO, PERFEITO
e MARAVILHOSO.

Sim, EU SOU.

O meu dia especial

Escolha um dia qualquer da semana para seu "dia especial". Nesse dia, com a ajuda de Deus, procure ser o mais positivo e otimista possível. Ajude os outros, não perca a calma, nem pense nada negativo. Aceite tudo com tolerância e amor e não reclame de nada nem de ninguém. Perdoe e agradeça tudo! Evite brigas e discussões. Se for preciso, reze e mentalize *Christum Pax* (a Paz de Cristo), para evitar tudo que não é bom. Nesse dia, seja positivo e espiritualista. Espere sempre pelo melhor, em tudo.

Com o passar do tempo, daqui a poucos meses, você estará transformado numa pessoa maravilhosa – de ação e poder mental positivo!

Este livrinho é individual. Devido às vibrações pessoais de cada um, não se deve emprestá-lo. Se estiver muito usado pelo dono, recomenda-se comprar um novo – mas os dois continuam sendo muito pessoais, de uso exclusivo!

“Quem busca a força no seu Deus Interior será sempre vitorioso.”

Raja Marausha

Seja o máximo que você pode ser!

Raja Marausha, filósofo, humanista, escritor, criador da Filosofia da Esperança. Estudioso do comportamento humano que, através dos seus sábios conhecimentos, ensina o poder mágico da mente positiva para melhorar a vida dos seus leitores, sintonizando-se com o poder divino. Nasceu em 13 de abril de 1930.

Gratidão

Quem dá recebe cada vez mais.

E aquele que é agradecido a um bem recebido terá uma avalanche de bens a vida toda.

Demonstre sua GRATIDÃO pelos inúmeros benefícios da leitura destes SALMOS – oferecendo aos amigos, parentes e colegas tantos exemplares quantos você puder.

Assim, estará levando a outros o bem que você também recebeu.

Um santuário em cada oração

Todos nós buscamos orientação positiva na vida. A Filosofia da Esperança, através dos salmos de Raja Marausha, ensina como sintonizar sua mente com o Poder Cósmico de Deus para evoluir e tornar-se uma pessoa maravilhosa, dona do seu próprio destino. Depende apenas de você, de mais ninguém, querer triunfar em todos os sentidos: materiais e espirituais.